행복 하세요♡

김태권

같이 밥 먹고 싶은
아저씨 되는 법

같이 밥 먹고 싶은 아저씨 되는 법

김태균 지음

김태균의 웃으면서 배우는 인생 이야기

mons
엠스북

차례

○ 프롤로그
  당신의 든든한 한 끼가 되고 싶어서 6

○ 1장
  인생에 매뉴얼은 없어도 경험은 있다 9

○ 2장
  웃으면서 배우는 게 진짜 배움이다 45

○ 3장
  개그맨은 웃기는 철학자다 85

○ 4장
  거꾸로 보면 더 잘 보인다 139

○ 5장
  같이 밥 먹고 싶은 아저씨를 꿈꾸다 175

○ 에필로그
  당신이 먼저 행복해야 합니다 208

프롤로그
당신의 든든한 한 끼가 되고 싶어서

어서 오세요, 김태균입니다.
기다리고 있었어요. 여기로 앉으시죠.

오늘 저와 같이 식사하실 메뉴는요,
제가 지금까지 살면서 경험했던
달고 짜고 쓰고 매웠던 순간들을 재료로 해서
잘 다듬고 버무리고 끓이고 삶고 찌고 지지고 볶아서
부담스럽지 않은 글로 소박한 밥상을 차려봤어요.
어떻게 입맛에 맞으실지 모르겠네요.

힘든 삶을 살아가고 있는, 아니 살아내고 있는
많은 분에게 힘내라고
만나서 밥 한번 사준다는 마음으로
글을 통해 내 생각의 밥상을 차려보자 결심했죠.
이렇게 더 많은 사람에게 내 경험을 나누고 싶었어요.

인생을 먼저 살아본 아저씨의 잔소리나 충고가 아닌

독자들을 진심으로 응원하는 마음으로 쓴 글이에요.

이 밥상을 드시고
다시 각자의 힘든 삶으로 돌아갔을 때
제 글이 당신에게 든든한 한 끼가 되어주길 바랍니다.

그리고 주위에 50을 바라보거나 50을 넘기신 분들,
혹은 억울하게도 괜히 꼰대나 아재 소리를 듣는 분들에게도 이 책을 꼭 권해 주세요.
그래야 '같이 밥 먹고 싶은 아저씨'가 많아질 테니까요.

자, 그럼 이제 김태균이 글로 차린 밥상,
천천히 맛있게 꼭꼭 씹어 읽어 드세요.

2025년 5월 어느 날
같이 밥 먹고 싶은 아저씨
김태균

1장

인생에 매뉴얼은 없어도 경험은 있다

행복

지금도 지나가고 있는
순간순간에만 느낄 수 있는 감정,

오직 인간만이 누릴 수 있는 소중한 감정,

행복이 뭐라고 생각하세요?
물으면 선뜻 그 정의를 말하지 못하는 감정.

자, 한번 물어볼게요. 대답해 봐요.
당신은 지금 행복하세요?

바로 '네'라고 했나요?
아님 망설이고 있나요?
그것도 아니면 '아니오'라고 했나요?

음…… 미안하지만
난 지금 행복합니다.

아니 미안할 것까지는 없지, 내가 느끼는 내 감정이
니까.
나만이 느낄 수 있는 나만의 행복!
그렇습니다.
행복은 남이 나를 위해 아무리 노력해도 내가 느끼
지 못하면
누릴 수 없는 감정입니다.

행복하고 싶나요?
행복이 뭔지 알고 싶고 진짜 행복하고 싶다면
마음의 준비를 하고 심호흡 한번 하세요.
됐어요?

자, 이제 조심스럽게 페이지를
천천히 넘겨보세요.

어서 오세요.

행복은
나 자신에 집중해야 느낄 수 있는 감정이에요.
오로지 나만 생각하세요.
이 작업은 이기적일 필요가 있어요.
그게 가족이든 친구든 나보다 나를 더 잘 아는 사람은 없거든요.
단, 진짜 솔직해야 해요.

자자, 시작해 볼게요.
내가 좋아하는 게 뭔지
내가 뭘 하고 있을 때 집중이 되는지
내가 하고 싶었던 것들이 뭔지 무조건 찾아내야 해요.

"행복이란 내가 좋아하고 하고 싶었던 것을 찾아서 할 때의 집중되는 지금 이 순간의 느낌"이랍니다.

작은 것부터 찾아보세요.

잘 떠오르지 않나요?

에이 모르겠다.

그럼 요즘 나를 행복하게 만드는 것들을 공개할게요.

아…… 영업 비밀인데

참고하시고 꼭 행복을 챙기시길…….

부드러운 JAZZ 연주 음악 듣기

책 읽기

흰쌀밥에 좋아하는 밑반찬 먹기(김과 김치는 꼭 있어야 함)

김치볶음밥 먹기

라디오 방송하기

무대 위에서 공연하기

걸으면서 사람 구경하기

아내와 함께 산책하기

아내와 아들과 맛난 거 먹기

영화나 드라마 보기

얼음 잔에 소주 마시기(편한 사람과 함께하면 좋고, 없으면 혼자여도 좋음)

부담스럽지 않은 지인들과 골프 치기

하기 전까지는 진짜 귀찮은데 막상 시작하면 좋은, 땀 흘리며 운동하기

열심히 사는 동생들에게 밥 사주기

지금 이 순간처럼 글쓰기

자랑

말로 하든 톡으로 하든 남에게 해야 하는 것,

내 몸 밖으로 나오는 순간 그 효력을 잃어버리는 것,

남들이 부러워하라는 의도로 던지지만
사실 남들은 관심이 하나도 없는 것.

자랑 하나를 꾹 참아낸다는 것은
단단한 자존감 하나를 장착하는 것.
자랑 하나를 참아낸다는 것은
전쟁 같은 세상을 향해 싸워나갈 든든한 무기를 하나 얻는 것.

자랑할 거리가 생겼다는 건 그동안 열심히 살아왔다는 증거.
그러니 누가 알아주길 바라고 떠들지 말자.
세상 누구보다 소중한 내 자신이 잘 알고 있으니까.
나한테는 얼마든지 떠들어도 상관없는 것.

돈을 빌려줘야 할까요, 말까요?

살면서 이런 고민 많이 합니다.

제 생각은 이렇습니다.
안 빌려주고 안 빌리는 게 제일 좋지만
그래도 빌려줘야 하는 상황이 생긴다면
사정이 있는 상대에게 그냥 도와주는 셈 치고 줄 건지
그 돈을 돌려받을 건지를 먼저 생각하세요.

무조건 돌려받고 싶다면 치사하게 생각할 수도 있지만
상대의 형편을 냉정하게 따져봐야 합니다.
내 돈을 갚을 수 있는 사람인지 아닌지.
물론 그래도 못 받는 경우가 있기는 하지만
그 순간 상대방이 서운해도 어쩔 수 없습니다.
따질 건 따져야 합니다.
줄 때까지 끈질기게 달라고 해야 합니다.
불안하면 빌려주지 마세요.
어떻게 번 돈입니까?

돈을 안 빌려준다고 멀어질 사이라면
사람을 정리할 좋은 기회일 수 있습니다.

혼자 있기

우리는 하루에도 수십 번 혹은 수백 번씩 원하지 않아도
혼자가 됩니다.
길 가다가도 일을 할 때도 심지어 가족과 집에 있을 때도
혹시 이 글을 읽고 있는 지금도 혼자일 수 있죠.

나이 들수록 혼자 있기를 잘해야 합니다.
물론 함께도 좋지만
인생 모든 순간을 함께할 수는 없습니다.

결혼하지 말고 혼자 살라는 얘기가 아닙니다.
사랑하는 가족이나 연인이 있고 친구가 있고 동료가 있어도
어김없이 혼자 되는 시간은 찾아오기 마련입니다.

혼자라는 고독을 즐기지 못하면
외롭다는 감정이 공격해 오고

순식간에 우울해집니다.

혼자 있기를 미리미리 연습해야 합니다.

혼자 있다는 것은 나를 만난다는 것입니다.
남보다 항상 뒷전에 있던 나를
열심히 살아온 짠한 나를
온전히 만나 내가 나를 챙겨주는 소중한 시간입니다.

혼자 있기는 다른 말로 하면
나와 잘 지내기입니다.

나에게 선물하세요.
싫은 걸 안 할 수 있는 절호의 기회와
관계로 인해 감정 소비 안 해도 되는 평온한 시간을.

누룽지

언제인지 기억이 안 나는 아주 어릴 적부터
몸에 열이 나거나 감기 기운이 있으면
엄마는 무조건 누룽지를 끓여 주셨다.
그날따라 누룽지가 없으면 그냥 밥을 솥에 붓고 주걱으로 꾹꾹 눌러서
일부러라도 누룽지를 눌려서 끓여 주셨다.

먹다 보면 몸에 땀이 나면서 열이 내리고 기운이 나는 마법이 펼쳐졌다.

식당 메뉴에 누룽지가 있으면
엄마 생각에 당연히 시켜 먹어보지만
엄마의 누룽지와 비슷한 맛을 만나기란 쉽지 않다.

그래도 누룽지는 참 고맙다.
볼 때마다 엄마를 떠오르게 해주니까.

정말 다행이고 행복한 것은

아내의 누룽지가 엄마의 누룽지와 많이 닮았다는 것이다.

부부 싸움 시 주의 사항

1. 해야 한다는 결심이 선다면 일단 아내와 남편 반드시 둘 말고는 아무도 없는 공간을 찾으세요.

2. 장소를 찾았다 하더라도 결전이 시작되기 전 자식들이 주위에 있는지 반드시 확인하고 자식들의 부재가 확인됐다면 시작해도 됩니다.

3. 서로의 자존심을 건드릴 수 있는 돈 얘기나 서로의 집안은 절대로 거론하지 않습니다.
거론하는 순간 욕이 난무하거나 기물이 파손될 우려가 있습니다.
하지만 어떠한 경우에도 상대방에게 상해를 입혀서는 안 됩니다.
어떠한 경우에도 말로만 하는 것을 권장합니다.

4. 결전 중 아무리 욱해도 '이혼'이나 '헤어지자'라는 말은 반칙이 적용되고 안 그래도 높은 대한민국의 이혼율을 더 높일 수 있기 때문에 최대한

자제하시기 바랍니다.

5. 참고로 이 결전은 역사적으로 승부가 난 적이 없었고 앞으로도 없을 겁니다.
그러므로 승부가 나길 원해서 하는 거라면 의미가 없다는 걸 알려 드립니다.

6. 마지막으로 결전이 시작됐다면 어쩔 수 없지만 시작 전이라면 다시 한번 꼭 해야 하는 싸움인지에 대해 심사숙고할 것을 권고합니다.
왜냐하면 서로는 사랑했고 사랑하고 사랑할 사람들이니까요.

결혼

할까? 말까?
꼭 해야만 하는 걸까?
안 해도 되나?
그래요, 고민이 될 겁니다.
아니 고민이 되는 게 당연합니다.

그렇다고 결혼을 하지 않겠다고
미리 결정하지는 마세요.
언제 어떤 사람이 눈앞에 나타나 폭풍처럼
순식간에 내 맘을 휩쓸어 갈지 모르니까요.
또 그렇다고 해서 섣불리 결혼을 결정하지도 마세요.
결혼은 순간 반했다고, 그냥 같이 살면 좋을 것 같다고 하는 게 아닙니다.

함께 있을 때 설레진 않아도
함께 있을 때가 편안할 때,
함께 있지 않을 때도 외롭다는 생각이 들지 않고
서로에게 무언가를 바라는 기대 없이

어떤 상황에서도 누가 어떤 말을 해도 온전히 서로의 편이 되어줄 수 있을 때,

참다 참다 울고 싶어질 때 아무 말 없이 두 팔 벌려 서로에게 품을 내어줄 수 있을 때,

그때서야 비로소 조심스럽게 나에게 물어볼 수 있는 나와의 다짐입니다.

결혼 생활은 혼자 살면서는 느낄 수 없는
소소한 일상의 행복이 뭔지 알게 해줍니다.

일단 제일 중요한 것은
나 혼자의 기운으로는 어쩌지 못하는 일들이
내 배우자나 자녀의 기운이 함께 하면 잘 풀리는 경우가 많다는 겁니다.

올해로 결혼을 결심한 지 20년입니다.
'20년 전 그 다짐을 안 했다면 지금 난 어떻게 살고 있을까?'

아…… 상상하는 것조차도 아찔합니다.

지극히 개인적인 생각입니다만
결혼 추천합니다.

사업

이것저것 해봐서 알아요.

열심히 번 돈 말아먹어 봐서 알아요.

사기당해 봐서 알아요.

그러니까
웬만하면 하지 마요.

아니다,
그냥 하지 마요.

집

밖에 있으면 들어가고 싶고
안에 있으면 기어서라도 나가고 싶은 곳.

공감이 안 되는 분, 손!

그럼 이건 어떤가요?

밖에 있으면 어떻게든 안 들어가려 하고
안에 있으면 어떻게든 안 나가려고 하는 곳.

이것도 아닌가요?

그럼 이건 어때요?

밖에 있으면 어떻게든 안 들어가려 하고
안에 있으면 어떻게든 나가고 싶은 곳.

이거예요? 혹시 서른을 넘겼나요?

아하! 그렇다면
당신은 좋게 말해 아직 철이 없는 겁니다.
에이 모르겠다.
아니 그냥 정신을 못 차린 겁니다.

동업

돈
시간
사람
다 잃어도
괜찮으면 하시든가.

갑자기 질문 1

그렇게 손꼽아 기다리고 기다리던 여행.
어디를 누구랑 갈까 고민하고
설레면서 계획하고
좋은 곳을 구경하고
맛난 음식 먹고
수다 떨고 사진 찍고
여행 일정을 아쉽게 마무리하고
돌아와 현관문을 여는 순간 하는 말은?

★정답은 뒷장에 있습니다.
 모두 맞히셨길…….

"아이고야! 역시 집이 좋다!"

아셨죠? 집은 그런 곳입니다.
언제나 같은 자리에서 나를 따뜻하게 안아주는 곳.
집이 잘못한 적은 단 한 번도 없습니다.
다 그 안에 사는 사람과 사람 사이가 문제입니다.

집에 들어가기 싫다고 느껴지는 이유가
나 때문일 수도 있다는 생각을 먼저 해보면
어떨까요?

십팔번

내가 부를 수 있는 노래 중에
부르면 기분이 막 좋아지는 노래.

신기하게도
마음이 꿀꿀할 때 노래방 가서
십팔번 목청껏 불러버리면
기분이 한결 나아진다.

당신은 십팔번이 있나요?

난 많은데 ㅋㅋㅋㅋㅋㅋㅋㅋ

엄마

보고 싶고

또 보고 싶고

마주 보고 싶고

꽉 안아보고 싶고

안부를 물어보고 싶고

아빠는 만났냐고 물어보고 싶고

나 안 보고 싶었냐고 물어보고 싶고

아들 열심히 사는 모습 보고 있었냐고

왜 그리 허무하게 떠나셨냐고 물어보고 싶고

그리고

보고 싶고

또 보고 싶은

잘 안될 거예요.

아니 첫 입을 떼기가 쉽지 않을 거예요.

아니 입을 떼지 않아도 돼요.

그냥 가서 조용히 안아드리기만 해도 돼요.

그분의 따뜻한 온기가 느껴질 때

더 늦기 전에
제발
제발

"엄마, 고맙고, 미안해요……. 그리고 사랑해요."

제발
제발
더 늦기 전에

계란말이 1

아침에 부엌에서 계란말이를 하던 아내가
"여보, 난 계란말이 할 때 이 냄새가 정말 좋아."
그렇게 불현듯이 귀엽게 말을 걸어왔다.
"나도 네가 계란말이 할 때 냄새 좋아."
한 치의 망설임도 없이 맞장구를 쳤다, 사실이니까.

"근데 난 모양이 이쁘게 안 돼. 보기에 좋아야 맛도 좋은 법인데."
"에이, 너 정도면 잘하는 거야. 네가 울 엄마보다 잘 말아."
엄마 미안, 근데 사실이잖아.
"그리고 모양이 뭐가 중요해. 맛있기만 하면 되는 거지."
"그런가? 다 됐어, 먹자. 아들, 가지고 가."

아들이 먼저 계란말이 하나를 집어서 케첩을 듬뿍 찍어서 먹는다.
당연한 듯 한 개를 통째로 입에 넣고 잘도 먹는다.

아, 난 어릴 때부터 반 개씩 잘라 먹었는데……. 아들의 그런 자신감이 부러웠다.

"우리 집에서는 계란말이를 케첩에 안 찍어 먹었는데."

엄마가 소금 간을 적당히 하셔서 케첩에 찍을 필요가 없었는지, 케첩 살 돈을 아끼시려고 그랬는지 여하튼 그랬다.

"그래? 우리는 무조건 케첩을 찍어 먹었어. 아빠도 오빠도 나도 엄마도. 학교에 도시락 싸 갈 때도 계란말이 옆 은박지 안에 케첩을 꼭 싸주셨어."

"맞아, 장인어른도 계란말이 드실 때 케첩 듬뿍 찍어 드시더라."

아내와 몇 마디 주고받는 사이, 아들이 계란말이를 반이나 해치웠다.

"아들, 계란말이 맛있어?"

"어."

하긴 맛있으니까 반이나 먹었겠지.

몇 개 안 남은 계란말이를 보며 살짝 초조해졌다.
순간 그런 기분이 든 내가 웃겨서 살짝 웃었더니
"뭐가 웃겨?"
"당신 계란말이가 무지 맛나서 웃음이 나네."

오늘 아침은 계란말이 덕분에 소소한 대화가 오간 맛있는 한 끼였다.
이런 게 행복이 아닐까?

계란말이 2

계란으로만 한 계란말이
파만 넣어서 한 계란말이
파, 양파, 당근 다져서 넣은 계란말이
스팸을 큐브 모양으로 잘게 썰어 넣은 계란말이
파, 양파, 당근, 스팸 다 넣고 한 계란말이
청양고추를 다져서 넣은 계란말이
치즈를 듬뿍 넣은 계란말이
치즈와 스팸, 각종 채소가 다 들어간 계란말이
명란을 넣은 계란말이
맛살을 넣은 계란말이
…… 계란말이
…… 계란말이

와~ 계란말이 진짜 많다.
어떤 계란말이를 제일 좋아하나요?

하긴 뭐가 들어가면 어때?
계란으로 말았는데 다 맛있지.

음…… 그래도 골라보라면
난……
울 아내가 해준 계란말이.
크하하하하하하하하하하하하
재수 없죠?

예…… 그래요.
어느새 아내의 손맛에 익숙해져 버렸습니다.
예전엔 집밥이 그리우면 엄마가 떠올랐는데
아내랑 오래 살다 보니 며칠 집을 떠나 있으면
아내가 뚝딱 차려주는 한 끼가 그립습니다.

아메리카노

따아

아아

왜들 그렇게 마셔?

나만 안 들고 있으면 이상해서 그런가?

버릇

습관

그 어디쯤인 듯한데

굳이 안 마셔도 되는데

끊고 싶다는 마음이 있지만 잠깐의 일탈일 뿐.

참, 그것도 궁금해.

한 잔을 끝까지 마시는 사람이 얼마나 될까?

하루에 한 잔이라도 안 마시면 뭔가 개운하지 않은 느낌.

벌써 몇 년째일까?

하루도 빠지지 않고,

지독하고 꾸준하다.

정말 대단하다.

제발
누구를 향한 사랑이든
지독하게 꾸준하게
아메리카노처럼.

반드시 지켜져야 하는 약속

"갔다 올게."

2장

웃으면서 배우는 게
진짜 배움이다

욕

하나만 고르시오.

하는 게 좋을까요?
먹는 게 좋을까요?

효도

살아 계실 때
틈틈이 습관적으로 하는 것.

그래야
돌아가시고 나서도
틈틈이 습관적으로 그리워할 수 있습니다.

미안해

들어야 하는 사람이 그 순간에 듣지 못하면
들을 때까지 마음의 상처로 남는다.

해야 할 순간에 해야 내 맘이 불편해지지 않는 말.

당신은 그 순간에 미안하다고 말했나요?

못 했다면 나중에라도 꼭 해야 하는 말.

미안하다는 맘이 드는 그 순간이 그 사람과의
골든 타임입니다.
애써 외면하지 마세요.

기다리는 데도 한계가 있습니다.

A 씨의 반찬 투정

어린 A 씨는 먹고 싶은 것만 먹고 살고 싶어서 항변을 했다.
그런 항변에 맞서 엄마는 건강이라는 명분을 들이밀며 '골고루'라는
방식을 강요한다.

A 씨는 알레르기라는 편법으로 상황을 모면해 보려 하지만
같은 유전자여서 괜찮다고 엄마는 밀어붙인다.
도저히 '골고루'라는 방식을 받아들일 수 없었던
A 씨는 급기야 단식 투쟁을 시작했다.

자식 이기는 부모 없다고
어쩔 수 없는 엄마는 원하는 반찬을 내놓게 되고
그렇게 반찬 투정 아니 반찬 투쟁은 일단락되고
A 씨는 편식이라는 권리를 얻게 되었다.

그렇게 성인이 된 A 씨는

사회생활에서 뜻밖의 소리를 듣게 된다.
"입맛이 까다롭다."
"오냐오냐 자랐다."
A 씨는 고립되고 외로워졌다.

사랑하는 사람한테서도 이런 말을 듣게 된다.
"이 맛있는 걸 왜 못 먹어?"
있지도 않은 알레르기 편법을 오랜만에 꺼낸다.
구차하다.
'진즉에 엄마의 골고루 방식을 받아들였어야 했는데……'라는 뒤늦은 후회가 따르지만
갑자기 입맛을 바꾸기가 쉽지 않았다.
아무리 사랑의 힘이라도 먹기 싫은 것을 먹을 때는 표정에서 드러나는 법.
반찬 투정은 그렇게 안타까운 이별을 만들어냈다.

세상살이란 먹고 싶은 것만 먹으면서 살 수 없다.
반찬 투정은 안 하는 게 좋다.

세상살이란 만나고 싶은 사람만 만나면서 살 수 없다.
인간 투정은 안 하는 게 좋다.

세상살이란 하고 싶은 일만 하고 살 수 없다.
일 투정은 안 하는 게 좋다.

주는 대로
주어진 대로.

A 씨는 잘 살고 있을까?

매력

타인의 마음을 끌어당기는 힘.

흔히 어떤 사람한테 끌린다고 표현하는데
그 어떤 사람의 매력이 내 마음을 끌어당기고 있다고 표현할 수도 있다.

유혹과는 확연히 다르다.
유혹은 작정하고 목표로 정한 상대의 마음을 어떻게든 사로잡으려고 하는
욕심이라고 할 수 있다.

매력은 의도적이기 힘들다.
왜냐하면 자신의 매력을 모르는 사람이 대부분이기도 하고,
아니면 자신의 매력을 잘못 알고 있는 사람도 적지 않기 때문이다.

매력은

남들이 보는 관점에서만 느낄 수 있는 치명적인 감정이다.

나는 의도하지 않았는데
어떤 상대가 이미 내게 마음이 끌리고 있다 해도
그 상대가 표현하지 않으면 계속 모를 수 있다.
안타깝게도 그렇게 인연이 스쳐 지나가기도 한다.

매력은 그 사람의 타고난 성품과 환경,
성향과 재능 그리고
그동안 살아온 삶을 향한 마음 씀씀이가
자연스럽게 뿜어져 나오는 것이다.

그렇기에 매력은 절대로 흉내 낼 수 없다.

결국 잘 살아내야 한다는 얘기.

알고 있나요?

당신의 매력이 뭔지.

그럼 혹시……
저의 매력이 뭔지 아세요?

행복해질 확률

'그래, 그럴 수 있어' 이해하려고 해도

안에서 부글부글 끓어오른단 말이야.

이왕이면 안 하면 좋겠지만 말이야.

가만히 안 두고 주위에서

자꾸 건드리는 걸 어떡해?

혼자 누르고 밖으로 내보내지 않으면 좋겠지만

그 순간을 못 참고

기어이 입 밖으로 나와버리거든.

물론 하고 나면 매번 다신 하지 말아야지 후회하기 바쁘지.

에이, 정말 짜증 나.

어? 또 했네…….

정말 이거 안 하고 살 수는 없을까?

.
.
.
.
.
.
.
.
.
.
.
.

욱하는 횟수가 줄어들수록
행복해질 확률이 올라갑니다.

욕심

정작 아무것도 하지 않으면서
그저 바라기만 하는 마음.

그 마음이 현실이 되기를 원한다면
행동으로 옮기면 된다.

명품에 욕심이 나면
정당한 방법으로 돈을 열심히 벌어서 사면 된다.

누군가의 마음을 얻고 싶은 욕심이 나면
부단한 노력으로 누가 봐도 매력 있는 사람이 되면 된다.

날씬하고 싶은 욕심이 있다면
적당히 먹고 규칙적으로 운동하면 된다.

일찍 일어나고 싶은 욕심이 있으면
일찍 자면 된다.

우리는 그 욕심을 채워줄 방법은 다 알고 있다.

방법을 알고 있으면서 엄두가 안 나 시작조차 안 하는 한심한 마음,
 욕심.

시작도 안 했지만 그래도 어떻게든 됐으면 좋겠다고 생각하는 괘씸한 마음,
 욕심.

욕을 먹어도 싼 마음,
그것이 바로 진정한
욕심.

근데 머리가 작아지기를 바라는 마음은
욕심인가요?

향수

혹시 살면서 이런 얘기 들어본 적 있나요?
"오우, 냄새 너무 좋아요".
"향수 뭐 쓰세요?"

십몇 년 전 즈음 아내가 선물해 준 향수를 쓰기 시작한 시점부터 듣기 시작해
지금까지도 틈틈이 듣는 말입니다.
그전까지는 이것도 뿌리고 저것도 뿌리고, 안 뿌리기도 했지만
한 번도 들어보지 못했던 말입니다.

사람마다 어울리는 향수가 있나 봅니다.
그래서일까요?
그 향이 어디선가 나면 그 사람이 떠오르기도 합니다.

운이 참 좋습니다.
아내 덕분에 나에게 어울리는 향수를 만나게 되었으니까요.

사람은 누구나 그동안 살아온 그 사람만의 삶의 향이 있습니다.
아무리 진한 향수를 뿌려도 가려지지 않는 그 사람만의 삶의 향.

나와의 인연을 짧게든 길게든 함께했던 이들이
어디선가 나와 같은 향수의 향을 맡으면
잠시라도 멈춰서 나를 떠올리면 좋겠습니다.
이왕이면 미소가 함께 한다면 더 좋겠습니다.

나와의 추억이 변하지 않는 향수의 향처럼 그대로 은은하길······.

당신은 어떤 향수를 쓰나요?
당신에게는 어떤 향이 나나요?

감정 문제

문제) 다음 중 살면서 멀리해야 하는 사람을 고르시오.

1. 약속 시간에 자주 늦는 사람
2. 자기가 한 말을 못 지키는 사람
3. 남 얘기 안 듣고 자기 할 말만 하는 사람
4. 내 앞에서 남들 흉보는 사람
5. 자기 자랑하기 바쁜 사람
6. 당연한 듯이 얻어먹기만 하는 거지 근성이 있는 사람
7. 해달라고도 안 했는데 지적하고 충고하는 사람
8. 거짓말을 밥 먹듯이 하는 사람

다들 골랐나요?
뭘 고를까 고민했다면 아직 인생을 더 살아봐야 합니다.
정답은 모두 다입니다.
혹시 본인이 이 중에 한 가지라도 해당이 된다고 인정한다면

늦지 않았으니 자신을 바꿀 필요가 있습니다.
본인이 그런 사람이라고 솔직히 인정했기 때문에
당신은 바뀔 수 있어요.

사실 보기에 있는 사람들은
그동안 제가 살면서
손절해 왔던 사람들입니다.
어차피 한 번 사는 소중한 내 인생인데
내 소중한 감정 상해 가면서 사람 만날 필요 없잖아요.

부디 도움이 되시길······.

쉰 즈음 된 꼰대의 잔소리 (20대를 살고 있는 젊은이들에게)

이때는 친구가 무조건 많으면 좋은 줄 알아.
자기가 가지고 있지 않은 색다른 기운들을 뿜어 대니
그게 멋있어 보이기도 하고 옆에 두면 재미있을 것 같지.
서로의 단점들은 보이지 않을 때야.
내 감정을 상하게 해도 친구니까 어때 하고 넘어가지.
왠지 모르게 혼자는 불안하고 연약할 시기니까.
여럿이 어울려 다니면 괜히 뭐라도 된 것처럼
없던 객기가 마치 용기인 듯 착각해서
때로 우르르 나대기라도 하면
아찔하고 위험한 순간들이 닥쳐서 겨우겨우 아슬아슬하게 지나가기도 하지만
상황이 안 좋으면 평생 추한 추억으로 남기도 하지.

아휴……
이때의 친구는 영원할 것 같을 거야.
그치만 흐음…… 시간이 지나고 중년이 되면
그 친구들은 얼마나 네 곁에 있을까?

그러니까 같이 있으면 맘이 불편하고 힘든데
친구라고 일부러 관계를 유지할 필요는 없어.
진짜 아무 의미 없거든.
물론 그때의 친구가 평생 가기도 해.
근데 그런 경우는 정말 드물긴 하지.
20대의 친구는 정말 조심스럽게 만나야 하는 그런 존재야.
제발 호기심에 함부로 친구를 사귀지 않길 바라.

꼰대가 말이 길어졌네.
아니야 진짜 중요해서 말이 길어져도 괜찮아.
몇 번이고 강조해도 모자라.
지나고 후회해야 아무 소용 없는 거 잘 알지?
제발…….

사랑해

듣고 싶은 사람한테만 듣고 싶은 말,
듣고 싶은 사람은 내게 좀처럼 하지 않는 말,
듣고 싶다고 들을 수 없는 말.

결국 듣는 말이 아닙니다.
해야 하는 말입니다.
마음이 시켜서 입이 해야 그 누군가가
들을 수 있는 말입니다.

듣고 싶어 하는 사람보다
하는 사람이 현저히 적습니다.
수요와 공급의 균형이 맞지 않아 감정 시장이 불황
입니다.

아끼다 똥 됩니다.
듣고 싶다면 표현하세요.

당신의 한마디가 당신의 사랑을 듣고 싶어 하는 사

람에게는

삶을 살아내는 엄청난 용기이며 에너지가 됩니다.

사랑을 들은 사람이 사랑을 말할 수 있습니다.

지금 사랑한다고 말하세요.

인생에서 제일 위험한 말 베스트 3

"이번 한 번만."
"한 번쯤은 어때."
"진짜 이번이 마지막."

자신과 타협을 위해 그냥 형식적으로 하는 말
이미 하기로 마음먹었으면서 괜히 하는 말
주로 욕망이나 쾌락, 흥분 같은 감정이 부추기는 말
남들 얘기는 아예 들을 생각조차 없고, 들리지도 않을 때 하는 말
나중에 후회하고 또 후회할 치욕적인 과거를 만들어내기 바로 직전에 하는 말

제발 이 말을 하게 될 상황까지 가지 않기를…….

잠재력

궁금하지 않아요?
당신한테는 어떤 힘이 숨어 있는지.

그렇지만 궁금해하기만 하면
도저히 알 수 없는 힘,

절대로 갑자기 나타나지 않는 힘,

알고 싶으면
적어도 몇 년은 매일 꾸준히
해봐야 발견할 수 있는 힘,

그렇게 꾸준히 하다 보면
어? 내게 이런 능력이 있었네?
깨닫게 되는 힘,

결국
꾸준히만 한다면 누구한테나 생길 수 있는 힘.

'남들은 아무도 나에게 관심이 없다.'

너무 서운한가요?
그런데 사실인데 어쩌죠?
제가 마흔 줄에 들어설 즈음부터 가슴에 새기고 사는 문장입니다.

사람들의 관심을 받기 위해 살았나요?
미안하지만 그 사람들은 당신에게 관심 없어요.
다들 자기 살기 바빠요.

저 문장을 가슴속에 품고 사니까
한결 마음이 가벼워지고 사는 게 재밌어지더라고요.
'남들은 아무도 나에게 관심이 없다.'
그래? 관심이 없어? 그렇다면 '나라도 나에게 관심을 가져야겠다.'라는 생각이 들었죠.
그때부터 나와 잘 지내기 시작했죠.
내가 좋아하는 거,
내가 해보고 싶었던 거를 찾아서 하다 보니
내가 행복해지더라고요.

온전히 나에 집중하는 거죠.
그동안 바깥으로만 돌며 감정을 소비하고 다녔던 나를
내 안에 내가 진득하게 기다려주고 있었던 거죠.

어때요? 이 문장
제가 선물로 드릴게요.

'남들은 아무도 나에게 관심이 없다.'

진정한 승자

누군가 그러던데
최후에 웃는 사람이 진정한 승자라고.

저기요, 누군가 씨!
최후가 언젠가요?
죽기 전에 신나게 웃는 건가요?
목표한 대로 성공한 그때 웃는 건가요?
고생은 고생대로 하다가
그 최후를 못 기다리고
웃어버리면 탈락인가요? 아니 패자인가요?

이봐요! 누군가 씨!
진정한 승자는 지금 웃는 사람이에요.
웃을 수 있을 때 자주 웃는 사람이
진정한 승자고 행복한 사람이라고요.

누군가 씨, 그래요 웃어요.
그렇게 웃으니까 얼마나 보기 좋아요.

순간 이동

말도 안 되고 허무맹랑하지만
상상하면 잠시나마 즐거울 수 있는 질문 하나 해볼까요?

당신은 만약 하나의 초능력을 가질 수 있다면
어떤 초능력을 갖고 싶나요?

난 이 질문 받을 때마다 무조건 순간 이동이라고 한다.
시간은 거스를 수 없고 현재에서 세계 어디든 장소를 순간적으로 이동할 수 있는 초능력,
순간 이동.

지금까지 살면서 내가 사랑하는 사람들한테 무슨 일이 생겼을 때
옆에 있어주지 못했던 순간들이 가장 미안하고 화나고 마음이 아팠기 때문에
그때마다 '순간 이동이라도 하고 싶다.'라는 생각을 간절히 하곤 했다.

현실에서 가질 수 없는 초능력,
순간 이동.

나이가 들면서
굳이 안 해도 되는 것들을 과감히 끊어내고
굳이 만나지 않아도 될 사람들과의 관계를 정리하고
내 삶을 간편하게 주변을 정리했더니 순간 이동까지는 아니어도
사랑하는 사람들에게 내 몸이 달려갈 수 있는 시간이 눈에 띄게 단축됐다.

아! 이거 하나는 확실하다.
사랑하는 사람들이 무조건 우선인 마음!
그 마음만은 사랑하는 사람들 곁에
언제라도 순간 이동을 할 수 있다는 것!

중요하다는
마음이 있어야 몸이 움직인다.

찰나의 망설임은 사랑하는 사람에게 닿을 수 있는 시간을 늦출 뿐
아니 오히려 그 거리를 멀어지게 할지도 모른다.

틈

남에게 빈틈을 보이면 안 돼.
쉴 틈 없이 열심히 살아야 해.

틈만 나면 호시탐탐 내 빈틈을 누군가가
노리고 있다는 강박에
정말 쉴 틈 없이 빡빡하고 딱딱하게 온 근육과 마음이
경직된 채 내 자신을 호되게 몰아붙이며 살아왔다.

아니었다.
그게 아니었다.

빈틈없이
쉴 틈 없이
살아야 하는 게 아니었다.

사람들은 내 빈틈 따위는 1도 관심 없었고
내가 없애 버렸던 쉴 틈은 그 순간에만 먹을 수 있었던
영혼의 보약이었던 것이다.

빈틈 사이로 불어오는 시원한 바람은
인간미 넘치는 사람으로 살게 하는 따뜻한 미소이며
쉴 틈은 나 자신과 만날 수 있는 행복한 기회이고 선물이다.

빈틈
쉴 틈
틈틈이 챙기면서 살아야 한다.

성공

어느 기업 대표님이 인터뷰 중 말씀해 주신
성공에 대한 생각.

"하고 싶은 것을 마음껏 하고
하기 싫은 것을 안 할 수 있는 자유."

이 글을 읽고 있는 당신은 어떤가요?
성공하셨나요?
.
.
.
.
.
.

음…… 나도
.
.
.

아직

.

.

다들 힘내요.

당연한 것

이 세상 어디에도 없는 것.

숨을 쉬게 해주는 공기도
눈부시게 비추는 따스한 햇살도
어디선가 불어오는 시원한 바람도

맛이 있든 없든 내 앞에 어김없이 차려지는 엄마의 밥상도

잘해 보려고 할 때 마침 이어지는 기가 막힌 타이밍의 엄마의 잔소리도

힘들어 보이는데 힘든 내색 없이 조용히 소파와 한 몸이 되시는 아빠의 묵묵함도

좀처럼 상황이 나아질 것 같은 기미조차 안 보이는 지긋지긋한 집구석도

하루가 멀다 하고 싸워서 좀 없어졌으면 하는 형, 동생, 누나, 언니도

세상에서 제일 어리석은 사람이 하는 말.

"가족이니까 당연히 이해해야 하는 것 아닌가?"
"가족이니까 당연히 말 안 해도 아는 거 아닌가?"
가족이니까, 가족이잖아……
가족이니까 당연하다는 생각이 세상에서 가장 위험한 생각입니다.
그 생각이 드는 순간부터 당신은 외로워질 테니까요.

기억하세요.
이 세상에 당연한 것은 어디에도 없다는 것을.

가치, 같이

발음이 같은 두 단어,
참 좋은 단어들입니다.

가치 있는 것이 같이 있는 것이다.
같이 있는 것이 가치 있는 것이다.

문장에서 단어의 순서만 바뀌었는데
전달되는 느낌이 사뭇 다르게 다가옵니다.

둘 중에 어떤 단어를
주로 삶에 적용하며 사시나요?

가만 보면
가치 안에는 냉정과 열정이,
같이 안에는 여유와 배려가 있어 보입니다.

가치는 뭐가 더 나은지를 따져보는 것이고,
같이는 내 것을 나누고 그저 함께하는 것입니다.

이렇게 제 글을 읽어주시는 것만으로
지금까지 살아온 제 생각과 경험을
나누고 함께하는 것입니다.
고맙습니다,
같이해 주셔서.

3장

개그맨은 웃기는 철학자다

치

노래의 음감이 없는 사람,
음치.
괜찮다. 세상에 음치란 없다고 했다.
배우고 노력하면 어느 정도 음을 맞출 수 있다.

노래의 박자감이 없는 사람,
박치.
괜찮다. 세상에 박치란 없다고 했다.
배우고 연습하면 어느 정도 리듬을 탈 수 있다.

유머 감각이 없는 사람 ,
유치.
괜찮다. 끝까지 밀고 나가면 언젠가는 웃게 되어 있다.

말을 해야 할 때 하지 말아야 할 때,
행동을 해야 할 때 하지 말아야 할 때를
알아채는 감이 없는 사람,
눈치 없는 사람.

아하…… 이건 안 괜찮다.

음치 박치 유치는 웃음이라도 주지
눈치가 없는 건 인상을 찌푸리게 한다.
결국 주위에 사람이 서서히 줄어들게 된다.

눈치들 챙기시길…….
아하……
염치없는 건
이건 더더더더더더더 별로.

내 편

아무 걱정 없이 평온한 선물 같은 하루.
어김없이 피어나 환하게 웃고 있는 봄꽃.

외로울 만하면 말을 걸어주는 시원한 바람.
오늘도 힘내라며 좋은 기운을 비춰주는 따스한 햇살.

허기진 배를 따뜻하게 채워주는 집밥.
듣기만 했을 뿐인데 행복하게 안아주기까지 하는 음악.

곁에 있지 않아도
서로를 말하지 않아도
생각만으로 행복한 미소를 짓게 만드는,
존재만으로 살아갈 엄청난 용기가 생겨버리는

나를 지켜주고
내가 지켜야 할

아…… 마지막으로 이 말이 딱 어울리는 표현인데
너무 유명한 침대 광고 카피라……
그래도 염치 불구하고

진정한 내 편이란
어떤 상황에도

흔들리지 않는 편안함.

생각

하루에도 수천수만 가지의 그것들이
내 머릿속에서 자기를 입 밖으로 꺼내 달라고
아우성이다.

그렇지만 정확히 정리가 되지 않았다면
함부로 입 밖으로 내보내면 안 된다.
누가 들어도 이상하지 않고 타당할 정도,
적어도 한 문장 정도로 정리가 됐을 때
그때도 꾹 참고
'나라면 어떻게 할까?'
'나는 그렇게 하고 있나?'
내 입장에서 한 번 더 정리해 보고
'그래 이제 됐어.
아니! 그래도 한 번 더.'
이번엔 객관적으로 들여다보고 나서야
조심스럽게 입 밖으로 내보내 줘야 하는 것.

정리되지 않은 그것들이

섣불리 말의 형태로 세상에 던져지면
어딘가로 돌아다니다가 언젠간 나의 발목을 잡는
지뢰가 될 수 있다.

생각은 자유다.
누구나 생각할 권리가 있다.
말하는 것도 자유다.
누구나 말할 권리가 있다.
그러나 말에는 무거운 책임이 따른다.

생각은 책임이 따르지 않는다.
생각은 자유롭게 최대한 많이,
말은 지혜롭게 최소한 아껴서.

이상, 내 생각.

"어떻게 하면 사람들을 웃길 수 있나요?"

가끔 받는 질문입니다.
궁금해하는 분들이 은근히 있더라고요.

나같이 꼭 방송이나 무대에 서는 게 아니더라도
사람들과 대화 중 과하지 않게 사람들을 웃게 만들 수 있는
재치 있는 유머의 기술,
사실 누구나 장착하고 싶은 스킬이죠.
촌철살인의 한마디로 분위기를 한 방에 화기애애하게 만들 수 있으니까요.

어떻게 방법을 알려드려요?
궁금해요?
궁금하면 500원 ㅋㅋㅋㅋㅋㅋㅋ
일단 이런 걸 하면 안 된다는 거.
연예인의 유행어나 성대모사는 잘한다는 전제하에
얘기 사이에 살짝 섞어주는 양념 정도로 하는 거지
메인으로 보란 듯이 하면 분위기 싸해지고 갑자기

비호감으로 바뀔 수도 있어요.

사실 남들을 기분 좋게 웃기려면 노력이 필요하긴 해요.
내가 진행하는 라디오에 소개되는 웃긴 사연들을 듣고 기억하고 있어도 좋죠.
대화 중에 알고 있는 사연과 비슷한 상황이 나왔을 때 쓰윽 꺼내는 거죠.
"야야! 내가 <컬투쇼>에서 들은 사연인데 엄청 웃겨. 들어봐."
이런 식으로 이목을 집중시킨 채 하게 되면 부담이 커지죠.
사연을 재미있게 못 살리면 서로가 민망한 상황이 될 수도 있으니까요.

자자, 각설하고 남을 웃길 수 있는 제일 중요한 스킬 나갑니다.
웃음은 공감에서 나와요.

함께 있는 사람들이 모두 공감할 수 있는 얘기.
그렇다면 답이 나왔잖아요.
모르겠어요?
웃기려고 작정하면 절대 못 웃깁니다.

일단 일행들의 이야기를 귀담아들으세요.
그 이야기들이 다 웃음의 소재가 되거든요.
남들의 말을 듣지 않으면 절대 웃길 수 없어요.

자자, 김태균의
유머 비법 나갑니다.
제일 중요한 스킬은 경청!!
그다음은 공감!!
그리고 고급진 기술,
자신을 상대방보다 낮추는 겸손!!
마지막으로, 아…… 이건 영업 비밀인데
에라 모르겠다.
마지막 스킬은 바로~~~~

반복!!

정리하면 남들의 얘기를 경청하다가
공감해 주고 사람들보다 나를 낮추고(겸손), 그리고 했던 얘기 중에
반응이 좋았던 키워드를 기억해 뒀다가 예상하지 못할 때 반복해 준다.
이상 끝!!

자, 이제 해보세요.
당장 내 옆의 가족들로부터 시작하세요.
먼저 가족들의 얘기를 잘 들어주는 거부터 시작이에요.
파이팅!! 할 수 있어요.

그럴 수 있어요

실수했나요?
누구한테 욕을 먹었나요?
괜찮아요.
그럴 수 있어요.
그래도 뭔가를 시도했다는 얘기잖아요.

어차피 해봐야
실수할 테고 욕먹을 게 뻔하다고 생각해서
시도조차 하지 않는 사람처럼
비겁하진 않았잖아요.

실수도 해본 사람이 같은 실수를 줄이고 안 할 수 있어요.
욕도 먹어본 사람이 같은 욕을 안 먹을 수 있어요.

세상에 실수 안 해본 완벽한 사람은 단 한 명도 없을걸요?
있나? 그래요, 있을 수 있겠지만

지금까지 살면서 전 못 만나봤네요.

그럴 수 있어요.
그러니까 자책하지 말아요.
내가 나를 책망하면
내가 너무 외로워집니다.

그럴 수 있어요.
그러실 수 있어요.

인정

남이 잘한 것을,
내가 잘못한 것을
우러나서 진심으로 하게 되는 감정의 표현.

아니 이걸 그렇게 못해서 아니 안 해서
나라도 이상하게 돌아가고 있습니다.

나라도 잘해야겠습니다.

축의금

얼마를 할 것인가?
고민하는 순간
당신은 그 사람과
그저 그런 사이입니다.

SNS

왜 하는지 알아?
왜 하는데?

바로 대답 못 해?
그럼

중독.

감정약국 1

약사 어서 오세요.

손님 저기 혹시 열등감을 없애는 약이 있나요?

약사 누구에 대한 열등감인데요?

손님 저보다 뭐라도 잘하는 사람들한테요.

약사 있죠. 그런데 이 약은 드시고 바로 일어나는 감정을 속이면 안 되고 솔직하게 진심으로 그 감정을 표현하셔야 효과가 뛰어나요.

손님 아, 진심으로······. 네, 해볼게요. 주세요.

약사 자, 여기요. 어떤 사람이 무언가를 나보다 잘할 때 요거 세 알을 바로 드세요.
'잘하는 걸 인정하는 약', '망설이지 않고 감탄하는 약', '진심으로 응원하는 약'.

그러면 바로 열등감은 씻은 듯이 사라지고 자존감이 생길 겁니다.
그런데 진심으로 표현하지 않으면 부작용이 있어요.
시기와 질투가 당신의 열등감을 전보다 더 커지게 만들 겁니다.
또 자존감이 바닥을 치는 후유증을 앓게 될 거예요.
응원할게요.

감정약국 2

약사 어서 오세요. 어디가 불편해서 오셨어요?

손님 아…… 마음에서 열이 심하게 나고 쉬지 않고 가슴이 콩닥콩닥 뛰어요.

약사 어떤 감정 때문에 그럴까요?

손님 한 사람을 좋아하게 된 것 같아요.

약사 ㅎㅎㅎ 그냥 좋아하시는 게 아닌가 봐요. 마음에 열이 나고 가슴이 뛸 정도면.

손님 그런가 봐요. 어떡하죠? 아무것도 못 하겠고 잠도 잘 못 자요. 그 사람만 생각나요. 좋은 약이 있을까요?

약사 있죠. 이 약의 이름은 '고백'이라는 약인데요. 먼저 요 '용기'라는 물약을 쭈~욱 짜서 드시고

난 뒤에 드세요.

손님 아...... 네.

약사 그런데 일어나는 감정을 정말 솔직하게 표현하셔야 해요.
그리고 혹시 몰라서 말씀드리는데 이 약은 부작용이 있어요.
거의 없다고 보시면 되는데, 아주 가끔 거절이라는 부작용이 생길 수 있거든요.
그래도 마음이 계속 열나고 가슴이 시도 때도 없이 뛰는 거보다는 나으니까요.
적어도 후회라는 후유증은 남지 않을 겁니다.
응원할게요.

감정약국 3

딸랑딸랑, 약국 문이 열리며 부부가 들어선다.

약사 어서 오세요.

남편 에이, 그런 약이 어딨어? 내가 그렇게 미우면 그냥 이혼하자니까.

아내 혹시 모르잖아. 약 먹고 당신이 안 미워질 수도 있으면 굳이 이혼까지 안 해도 되는 거지.
(약사를 보며) ㅎㅎ 저기 혹시 저희 남편을 미워하지 않을 수 있는 약이 있을까요?

약사 남편이 왜 미우신데요?

아내 아니, 언제부턴가 내가 싫어하는 짓만 골라서 해요. 말도 얼마나 예쁘게 하시는지 눈앞에 보이기만 하면 그냥 부아가 치민다니까요.

약사 남편분을 사랑하시긴 하나요?

아내 네? 아…… 네……. 사랑하니까 결혼했겠죠.

남편 아이구 그래? 날 사랑하기는 하신 적이 있기는 한가 보네.

약사 네 ㅎㅎ 알겠어요. 미워하지 않게 되는 약, 있습니다.

남편, 아내 (동시에 놀라며) 그래요?

약사 그런데 두 분이 함께 동시에 서로가 보는 앞에서 복용해야 효과가 있어요.
할 수 있으시겠어요?

아내 네? 동시예요? 당신, 같이 할 수 있겠어?

남편 어? 한번 해보지 뭐. 나도 당신한테 미움받고 싶지 않으니까.

좋아요. 약 주세요. 어떤 약인가요?

약사 '기다림'이라는 약이고요. 일 년 동안 매일 아침에 일어나자마자 공복에 한 번, 주무시기 전에 한 번, 서로 마주 보고 드셔야 해요.

그리고 기대라는 감정이 올라오지 않게 해주는 이 억제제도 함께 복용해 주세요.

꼭 같이 드셔야 해요. 이 억제제를 빼먹고 안 드시게 되면 실망이라는 부작용이 생겨서 전보다 더 서로가 미워질 수 있거든요.

할 수 있겠어요?

아내 아! 한번 해볼게요. 일 년이라…… 좀 길긴 하네.

남편 여보, 일 년 금방 가. 해보자고.

약사 네, 좋아요. 그럼 기다림 알약 일 년 치,
기대라는 감정 억제제 일 년 치.
많이 구매해 주셔서 서비스로 상대방이 싫어
하는 걸 체크해 주는 '눈치'라는 비타민도 챙겨
드릴게요.
두 분의 사랑을 응원할게요.

감정약국 4

누가 봐도 뭔가에 쫓기듯 급해 보이는 20대 중반쯤으로 보이는 남자가 약국 문을 요란스럽게 몸으로 밀며 열고 들어섰다.

약사 어서 오세요.

남자 약사님, 제가 뭔가를 막 하고 싶은데 주변 사람들은 다 하지 말라고 해요.

약사 그럼 안 하면 되잖아요. 다 말리는 걸 보면 손님한테 안 좋은 건가 보네요.

남자 에이, 그럼 제가 여기 왜 왔겠어요? 그래도 너무 하고 싶어서 못 참겠으니까, 이번에 딱 한 번만 하면 다시는 안 할 수 있는데 주변에서 너무 말리니까 사실 저도 고민이 돼서 요럴 때 먹는 약이 있을까 해서요.

약사 그래도 바로 하지 않고 고민을 하신다니 아직 약이 효과가 있을 수 있겠네요.

남자 그래요? 어떤 약인데요 빨리 주시면 안 될까요? 지금 요동치는 이 감정을 어떻게 해야 할 것 같아요.

약사 두 가지 알약을 드릴 건데요.
지금 물과 함께 두 알을 한꺼번에 바로 드셔야 해요.
이 빨간 건 '자제'라는 알약이고요, 하얀 건 '절제'라는 알약이에요.
그리고 이건 '억제'라는 파스인데요. 심장 부분에 붙이세요.

남자 네, 지금 한 번만 먹고 붙이면 되는 거죠?

약사 아니요, 뭔가를 또 막 하고 싶어지는 충동이 생

길 때마다 먹고 붙이셔야 효과가 있어요.
어쩌면 죽기 전까지 평생 드셔야 할 겁니다.

남자 평생이요?

약사 그런 감정이 들었는데 한 번이라도 약을 거르면 처음엔 흥분과 쾌락이라는 감정 착각 때문에 괜찮다고 생각할 수 있지만 조금만 지나면 중독이라는 헤어나올 수 없는 감정의 감옥에 갇혀버리게 될 수 있습니다.

남자 아이고, 꼭 챙겨 먹어야겠네요.

약사 그럼요, 그리고 그 약 중에 하나라도 빼고 드시면 약효가 약해서 뭔가를 하고 싶은 감정을 억누르지 못할 수가 있어요.
그럼 망신이나 치욕이란 후유증이 생길 수 있고요.

평생 후회라는 치명적인 부작용이 생기기도 하니까 잘 챙겨 드세요.

남자 그럼 평생 먹을 약을 지어 가야 하나요?

약사 아니요, 그럴 필요는 없습니다. 실례지만 지금 나이가 어떻게 되시죠?

남자 스물여섯인데요.

약사 아, 그러면 일단 4년 치 챙겨 드릴게요. 서른이 되면 약이 없어도 스스로 버티고 참아내는 능력이 생길 테니까요. 혹시 그때도 안 좋은 충동을 참기 힘들면 지금처럼 바로 찾아오세요. 당신의 젊음을 진심으로 응원합니다.

감정약국 5

뭔가 불안해 보이는 20대 후반 정도의 여자가 약국 문을 겨우 열고 들어왔다.

여자 저기 혹시 외로움을 없애는 약도 있나요?

약사 왜 외로우신데요? 혹시 솔로인가요?

여자 아니요. 사귀는 사람이 있는데요.

약사 그분을 사랑하지 않으세요?

여자 아니요, 사랑해요. 많이요.

약사 그럼 혹시 그분이 손님을 사랑하는 걸 느끼세요?

여자 네, 엄청 잘해 줘요. 저밖에 모르는 바보예요.

약사 그런데 왜 외로우세요? 행복해야죠.

여자 그러니까요, 같이 있을 때는 괜찮은데 같이 있지 않으면 외로움 때문에 힘들어요.
약이 있을까요?

약사 사랑을 하다 보면 불쑥불쑥 찾아오는 외로움 증세가 있는데요.
이때 머릿속에서 이상한 망상들이 공격하기 시작해서 단순한 외로움이 극심한 불안 증세로까지 이어지죠.
예를 들면 의심이나 불신에서 오는 집착 같은 거.

여자 네, 그런 것 같아요.

약사 그런 망상을 없애는 약이 있기는 한데 권하고 싶지는 않네요.
왜냐하면 이 약은 한번 먹기 시작하면 평생 먹어야 하거든요.

여자 그럼 어떡해요?

약사 같이 있지 않을 때를 오히려 즐겨보세요.
취향이 안 맞아서 못 봤던 영화나 드라마를 본다거나 책을 읽거나 운동을 해도 좋고요. 뭘 배워보는 것도 좋죠.
아니면 일에 집중해 보는 것도 방법일 수 있어요.

여자 오빠 없이 저 혼자요? 아니요, 상상하니까 더 외로워지는 것 같아요.
그냥 약 주세요. 평생 먹으면 되잖아요.

약사 그래요, 드릴게요. 그런데 주의 사항이 있어요.
약을 먹다가 중간에 끊으면 심각한 부작용이 나타납니다.

여자 그게 뭔데요?

약사 이별이요.

여자 네? 이별이요? 아악! 안 돼요. 그럼 안 먹을래요.

약사 외로움을 두려워하지 말고 즐길 줄 알아야 서로 행복한 사랑도 하는 거예요.
이거 드셔보세요. '용기'라는 비타민인데 외로울 거 같을 때 한 포씩 쭈욱 짜서 드세요.
젤리 형태라 드시기 편할 거예요.
외로움을 한층 가볍게 보내게 해줄 거예요.

여자 네, 감사해요.

약사 손님의 외로움을 응원할게요. 안녕히 가세요.

생긴 대로 살아야 잘 삽니다

잘생기고
예쁘고
못생긴 이야기가 아닙니다.

우린 어차피 생김을 선택할 수 없었습니다.

누구는 감사하고
누구는 원망하는 이야기가 아닙니다.
누구에게나 해당되는 이야기입니다.

생긴 대로 살아야 잘 삽니다.

눈이 두 개,
귀가 두 개,
코는 하나지만 콧구멍은 두 개,
입은 달랑 한 개.

살면서 안 좋은 일들은 달랑 하나밖에 없는

고놈의 입 때문에 일어납니다.

생긴 대로 살아야 잘 삽니다.

충분히 보고
충분히 듣고
충분히 호흡하고

이제 입을 열어도 되냐고요?

아니요.
입 빼고
다 두 개씩이니까
한 번 더 듣고
한 번 더 보고
한 번 더 호흡하세요.

그래야 형평성이 맞죠.
그렇죠, 잘했어요.
자, 이제 입을 슬슬 열어보세요.

생긴 대로 살아야 잘 삽니다.

직업?

사전적 의미는
생계를 유지하기 위해 자신의 적성과 능력에 따라
일정한 기간 동안 계속하여 종사하는 일을 말한다.

그럼 나는

개그맨
라디오 DJ
에세이 작가
방송 MC
가수
작사가
뮤지컬 배우
성우
강사
김태균 show의 주인공

이런 일은 사정에 따라 하다가 그만할 수도 있지만

어쩌면 생계를 유지하기 위해 내 적성과 능력을 최대한 발휘해서 죽을 때까지 계속해야 하는 일은 바로

가장
남편
사위
아빠
동생
형
삼촌
아들
아닐까요?

네, 이상입니다.

비교 1

나 자신의 자존감과 행복감을 떨어뜨리기 위한
최고로 멋진 방법.

나보다 돈이 많고
나보다 잘생기고 예쁘고
나보다 능력이 뛰어나고
나보다
나보다
.

.

.

.

인생을 더 열심히 살게 하는 의지를
처참히 꺾어버리고
그 자리에 주저앉아 신세 한탄을 하게 만드는
멋진 방법.

혹시 지금, 이 방법을 쓰고 있는 건 아니죠?

비교 2

나 자신의 자존감과 행복감을 떨어뜨리기 위한
더더 최고로 멋진 방법.

나보다 못한 사람과의 비교
나보다 가난하고
나보다 못생기고
나보다 능력이 없고
나보다
나보다
.
.
.
.

인생을 더 열심히 살게 하는 의지 따위는
필요 없게 만들고
그냥 이 정도면 충분하다고
자아도취에 빠져
안주하게 만드는

캬~ 아주 좋은 방법.

혹시 찌질하게 이 방법을 써본 건 아니죠?

비교 3

남과 나를 비교할 때 꼭 쓰는 말,
나보다.

'나보다'라는 말에는 내가 행복해지는 방법이 들어 있습니다.
나를 돌아보는 거죠.
나보다, 나를 보다.
과거의 나와 지금의 나는 어떤가?
지금의 나와 미래의 나는 어떨까?
나와 나를 비교하는 방법.

지금 이 순간을 충분히 즐기며
현실에 안주하지 않고
인생을 더 열심히 살고자 하는 의지도 불태우게 하고
나의 행복을 챙길 수 있는 멋진 방법.

굳이 비교를 하고 싶다면 이 '비교 3'을 추천합니다.

솔직 거래

당신이 꼭 쥐고 놓지 못하는 것 하나를 내려놓으면
당신이 원하는 걸 하나 드리겠소.

당신은 다음 중 뭘 내려놓을 건가요?

자존심
고집
집착
걱정
욕심
불안
거짓말
이기심
게으름
무시
시기
질투
무기력

이 중에 아무것도 해당 사항이 없다면
당신과는 거래할 수 없습니다.
당신은 솔직하지 않으니까요.

우산

아무리 기술이 발전하고 연구를 거듭해도
비를 막아주는 이 친구를 대체할 것은 없다.
그 똑똑하다는 AI조차 꿈도 꾸지 못하는 일.

그렇지만 비가 오지 않을 때는 쳐다보지도 않는 존재.
비가 올 때는 정말 고맙고 감사하지만
비가 그치고 나면 세상 귀찮은 존재.

자기 아쉬울 때만 찾는 사람들이 있습니다.
평소에는 신경도 안 쓰고 관심도 없었던 사람이
자기 아쉬울 때 염치도 없이 불쑥 연락을 합니다.

우산도 막상 쓰려고 찾으면 보이지 않습니다.
발이 달리지도 않았는데 사라지고 없습니다.
분명 본인이 어디다 놔두고 왔을 텐데 도무지 기억이 나지 않습니다.
우산이 떠난 게 아닙니다.

사람들도 늘 기다려 주지 않습니다.
좋아하고 아끼는 사람이 있으면 잘 챙기세요.
좋아하고 아끼는 우산이 있으면 잘 챙기세요.

사람 구경

언제부터인지 알 수 없지만
길을 걸을 때, 차를 타고 갈 때, 건물 안에서 걸을 때,
어떤 장소에서 일을 하거나 사람을 만날 때
자연스럽게 하게 되는 나만의 취미.

바쁘게들 살아가다가
나와 같은 시간, 같은 장소에 있어야만 만날 수 있는
운명의 순간에만 즐길 수 있는 취미.

어느 누구와도 약속 없이
랜덤으로 마주하게 되는 흥미진진한 순간,

그 순간을 지나가면
다시는 서로 만날 수 없을지도 모르기에
애틋하면서도 어떻게 보면 안타깝기도 한 절대절명의 순간.

그러니 그런 순간들을 놓치지 말고

어떤 사람들이 날 스쳐 지나가는지
구경해 보세요.

주의) 고개를 숙이고 휴대폰만 보고 걸으면
내 진짜 인연이 날 스쳐 지나갈 수 있답니다.

"그게 아니고……"

인생을 살면서 누구나 한 번 이상은 해본 말.

누군가와 대화 중
절대로 쓰지 말아야 하는 말.

나도 모르게 쓰지만
상대방은 상처받는 말.

이 말을 입 밖으로 내뱉는 순간
'당신이 말하는 동안 그 말은 듣지 않고
내가 하고 싶은 말만 생각하고 있었소.'라고
고백하는 말.

결정적으로 말하고 있는 사람의 말을
뚝 잘라 그게 아니라고 무시하고
그 사람의 인격을 묵살해 버리는 말.

그러든가 말든가

에라 모르겠다 자꾸 쓰다 보면

자기도 모르게

주위에 사람들이 서서히 사라지게 하는 말.

"에이, 그게 아니고……"

<u>쓰고 있나요?</u>

왜? 눈물

이제는 내 의도와는 상관없이
아무 때나 자기 맘대로 흘러내린다.
왜?
슬프거나 감동적이지도 않은데
왜?

갑자기 기억나네.
예전에 어릴 적에
엄마가 했던 말.

"태균아, 엄마는
왜 이렇게 시도 때도 없이 눈물이 나냐?"

엄마, 요즘 나도 그래.

글쓰기

글만 깨우쳤다면 누구나 할 수 있는 것,
분명히 할 수 있지만 나는 못한다고 생각하는 것,
아니 그냥 안 하는 것.

솔직한 나를 만날 수 있는 유일한 방법,
내 안의 나를 만나 진솔한 대화를 나눌 수 있는 절호의 기회,
나에게 나를 고백하는 소중한 시간,
내가 나를 따뜻하게 안아주는 위로.

어때요? 써보고 싶지 않나요?
책을 내라는 얘기가 아닙니다.
남한테 보여주기 위해 쓰는 글이 아닙니다.
그냥 제 말만 믿고 시작해 보세요.
정말 행복해집니다.

지금도 내 안의 내가 나를 기다리고 있어요.
자, 더 늦기 전에 어서요.

—내다

국어사전에서 '내다'라는 단어를 찾아보면
"앞말이 뜻하는 행동이 스스로의 힘으로 끝내 이루어짐을 나타내는 보조 동사."
이렇게 풀이되어 있다.

참 좋은 보조 동사다. 스스로의 힘으로 끝내 이루어진다.

이겨내다
견뎌내다
참아내다
끊어내다
버텨내다
살아내다

인생을 살면서 어쩔 수 없이 맞이하는
말도 안 되는 상황과 이해할 수 없는 사람들.
그럼에도 불구하고 우리는 그런 순간순간을 참아내

고 버텨내고 이겨내고 끊어내고
　끝내는
　살아낸다.

　만약 그런 순간을 참아내지 못하면
　"흥미, 짜증, 용기 따위의 감정을 가지게 하거나 드러나게 하다."는 뜻의 동사 '내다'를 사용하게 된다.

　화내다
　샘내다
　짜증 내다

4장

거꾸로 보면
더 잘 보인다

갑자기 질문 2

돈이 많으면 행복할까요?

당신은 뭐라고 대답했나요?

대부분 '아니오'라고 대답합니다.
우리의 삶이 돈이 전부가 아니라고 생각하니까요.
아니면 남이 물어본 질문이라
혹시 '네'라고 하고 싶었어도 돈만 밝히는 속물처럼 보일 수 있으니까요.

그런데 '네'라고 대답한 사람들이 가끔 있습니다.
정말 솔직한 사람들입니다.
이왕이면 돈이 모자란 것보다는 많은 게 좋으니까요.

그냥 질문일 뿐인데 왜 대부분 '아니오'라고 할까요?

돈이 많다는 기준이 다 다르기 때문입니다.
대부분 자신의 상황에서 도저히 현실 불가능한 액

수를 떠올리기 때문에

'현실의 행복에 집중하자.'라는 생각에서죠.

당신은

돈을 좇고 있나요?

돈이 당신을 쫓아오고 있나요?

갑자기 질문 3

당신이 사장이라면 둘 중 어떤 사람을 조직에서 내보낼 건가요?

1. 성실하지만 영리하지 못한 사람
2. 영리하지만 성실하지 못한 사람

유명한 경영학 책에서 봤는데
성실함이 없는 영리한 사람은 조직과 사회 나아가 국가에까지 막대한 해를 끼칠 수 있다고 합니다.

그렇긴 한 거 같습니다,
나라 돌아가는 꼴을 보니.

업무에 도움이 되시길…….

이런 말 들어봤나요?

"놀아본 사람이 잘 산다."란 옛말.

아하…… 이거 어쩌죠?
난 전혀 안 놀아봤는데…….

아하…… 이거 어쩌죠?
근데 쉰 살이 넘어서까지도 잘 살고 있는데…….

아하…… 이거 어쩌죠?
그리고 지금, 그 어떤 누구보다 잘 놀 수 있는데…….

못 놀아서 안 논 게 아닙니다.

옛말도 틀린 게 많습니다.

"안 놀아본 사람도 잘 산다."

사랑한다는 것은

사랑한다는 것은 기다림입니다.
사랑하는 사람을 기다리는 게 아니라
나를 기다리는 게 사랑입니다.

누군가를 사랑한다는 것은
나를 기다리겠다는 약속입니다.
처음 반하고 설레던 순간의 맘처럼
그때의 나로 다시 돌아가길 기다리는 게 아닙니다.

'왜 저러지?' 싶은 말과 행동이
언젠가는 내 맘 같아지기를 기다리는 게 아닙니다.
서툴고 어설픈 그 사람을,
지금 모습 그대로의 그 사람을
온전히 따뜻하게 안아줄 나를 기다리겠다는 약속입니다.

내 맘 같지 않은 모습까지 안아줄 용기를 갖게 될
나를 기다리겠다는 약속입니다.

비로소 그 기다림의 끝에는
질투도 시기도 욕심도 실망도 없는
서로에 대한 기대조차도 없는
온전한 참사랑이 함께할 겁니다.

사랑한다는 것은 기다림입니다.
사랑하는 사람을 기다리는 게 아니라
나를 기다리는 게 사랑입니다.

세상에서 제일 위험한 생각

'나 하나 사라진다고 세상이 달라지겠어?'

이 생각 중에 가장 어리석은 부분이 뭘까요?
네, '나 하나'라는 굉장히 무책임한 두 단어입니다.

아닙니다.
말 그대로 나 하나입니다.
나는 하나입니다.
세상에 나는 하나뿐이라는 소중한 두 단어입니다.

세상에 존재하는
아니 우주에 존재하는
수많은 생명체 중에 나는 나 하나뿐입니다.
유일하고 소중하고 고귀한 존재입니다.

제발 나를 아무렇게나 방치하고 내버리지 마세요.

'나 하나 어쩐다고 뭐가 달라지겠어?'

'나 하나 이러는 거 아무도 모를 텐데 뭐 어때?'

'나 하나 사라진다고 세상이 달라지겠어?'

그 누구에게는 당신이라는 하나가 온 세상 전부일 수 있습니다.

걱정 1

굳이 안 해도 되는 것,
근데 괜히 하고 자빠지는 것.

막상 경험해 보면 아무 일도 아닌 것을

괜히 이놈 때문에 안 좋은 상상에 불안해지고
또 불안해지고 그러다 잠을 설치고 그러다 악몽을 꾸고
그러다 이놈이 만들어낸 새로운 딴 놈이 불쑥 찾아오고
그러다 우울해지고
막상 그 순간이 오면 소심해지고 비겁해지고
자기 스스로를 스스로 무너뜨리고 만다.

나름 지금까지 살아보니
진짜 내 인생에 1도 필요 없는 것,
아니 0.0000000001조차도 필요 없는 것.

그런 말이 있잖아.
"걱정은 개한테나 줘버려."
근데 개는 무슨 죄야?
하긴 개가 걱정을 준다고 받기는 하겠어?
개도 자기 살기 바쁜데.
가만…… 개는 무슨 걱정을 하고 살까?

걱정 2

결국은 나의 선택 때문에 생기는 것.
그렇다고 아무것도 안 하고 아무도 안 만나고 살 수는 없는 일.
인생은 내가 선택한 무언가를 해내고
내가 선택한 사람들을 만나면서 단단해지고 유연해지니까.

일단은 무턱대고 걱정부터 하지 말고
선택했으면 최선을 다해서 노력하고 준비부터 먼저 하면
걱정의 크기가 아주 작아지는 게 느껴진다고.
그때 가서도 그 자식이 찾아오면 그건 그때 가서 생각해.

일단 노력해, 내가 할 수 있는 건 모조리!!

무서운 얘기 하나 해줄게.
어디서 들은 이야기인데 정확히 출처는 모르겠어.

"나무 한 그루로는 수천 개의 성냥을 만들 수 있지만
성냥 한 개로는 수천 그루의 나무를 태울 수 있다."

내가 만든 아주 작은 걱정 하나가
내 온몸과 마음을 태워 버릴 수도 있다는 거야.
그러니까 아무 걱정 하지 마, 제발!

지금도 아주 잘하고 있으니까.

외계인

난 분명히 있다고 생각해.

도저히 인간의 생각으로는
이해가 되지 않는 말과 행동을 하고
선량한 사람들을 이유 없이 괴롭히고

주로 뉴스에 자주 출몰하지만
우리 주변에서도 가끔 출몰하는

자기들 별에서 살기 힘드니까
아름답고 살기 좋은 지구에
자존감 바닥인 인간의 몸속에 들어가
인간인 것처럼 살아가지만
인간성이란 아예 없는 미친 것들.

난 분명히 있다고 생각해.

그러니까 우리, 자존감 떨어지지 말아야 해요.

당신은 이 지구에 단 하나뿐인 소중한 존재라는 걸 잊지 마세요.

외계인들이 당신의 자존감이 떨어지기만을 호시탐탐 노리고 있다니까요.

자, 다들 힘내요!

우리가 살고 있는 지구, 우리가 지킵시다!

파도

아무 일도 일어나지 않을 것처럼 잔잔할 수도 있고
있는 대로 화가 나 집어삼킬 듯 거칠어질 수도 있다.
이게 다 언제 불어닥칠지 모르는 바람 때문이다.

늘 잔잔하면 좋으련만
예고도 없이 거칠게 불어오는 바람 때문에
휩쓸리고 어디론가 흘러가다 사라진다.

우리의 삶에도 늘 파도가 친다.
예고도 없이 불어닥치는 여러 가지 어려움이라는 바람 때문에
그럼에도 우리는 이겨내고 버텨내고 삶을 살아내고야 만다.

머리 아파도
눈이 아파도
코가 아파도
입이 아파도

목이 아파도
어깨가 아파도
팔이 아파도
배가 아파도
허리가 아파도
다리가 아파도
발이 아파도
.

.

배고파도
.

.

보고파도
.

.

마음 아파도
가슴 아파도

반찬 칭찬

반찬 투정은 들어봤어도
반찬 칭찬이란 말은 처음이네요.
그러네요.
우리는 늘 투정만 늘어놨지 칭찬은 서툴렀네요.

맛이 없는 것도, 그냥 그럭저럭 괜찮은 맛도 당연한 건 없습니다.
어쩌다 만나는 맛있는 것도 우연이 아닙니다.
모든 일과 운동, 요리에는 과정이 있습니다.
하면 할수록 실력이 좋아지게 마련입니다.
거기에다 칭찬이 더해지면 그 힘든 과정이 행복해질 수 있습니다.
그렇다면 울 엄마들이, 아내들이 얼마나 행복하게 요리를 즐길까요?
행복하게 만드는 요리는 분명히 맛있을 겁니다.

자, 그럼 오늘부터 해보세요.
반찬 칭찬.

내가 생각하는 직업이란?

세상에 단 하나뿐인 직업
남이 절대로 대신해 줄 수 없는 직업
오직 나만이 할 수 있는
아니 오직 내가 해내야만 하는 직업
내가 할 수 없다고 포기하면 이 세상에서 사라지는 직업

.
.
.
.

그 직업은
바로

.
.
.
.
.
.

나

숙취

아침에 깨어나는 나에게
전날의 내가
엿 먹으라고 주는 최악의 선물.

선물 자주 하시나요?

슬픔 흉내

어떤 감정이 슬픔인가요?

제발 그 상황까지 오지 않기를
진심으로 바라고 바라며 어떡해서라도
막고 싶어 안간힘을 써봤지만
결국 그 상황이 벌어질 때
그때 느끼는 감정?

아무것도 할 수 없는 나를 원망하는 감정?
그냥 고스란히 상황을 온몸과 마음으로
받아들여야 하는 감정이 아닐까요?

결국 슬픔도
평소에 진심으로
아끼고 배려하고
사랑해야 가질 수 있는 감정.

그러지도 않은 사람이

그럴 자격도 없는 사람이
눈물을 보이고 아파하는 척하는 건
그저 슬픔 흉내.

다 티가 난다.
더러운 흉내.

정리

누군가의 눈엔 정리가 전혀 되지 않은 지저분한
방일 수도 있습니다.
누군가의 생각엔 정리가 안 된 두서없는 얘기일 수도 있습니다.

그렇지만 누군가에겐 정리가 전혀 되지 않아 보이는 방도
그 사람에겐 그만의 규칙이 있고 잘 정리된 방일 수 있습니다.

누군가에겐 아무 생각 없이 던지는 말처럼 들리는 말도
그 사람에겐 충분히 심사숙고하고 최선을 다해서 정리하고 조심스레 꺼내는 말일 수 있습니다.

좋아하고 아끼는 사람이라면 묵묵히 기다려주세요.

따뜻한 정(情)을 가지고, 적당히 거리(離)를 두고 응

원해 주세요.

그게 정리 아닐까요?

충고 말고 위로

"내가 진짜 널 생각해서, 너니까 충고 하나 해줄게."

누가 누구에게 충고할 자격은
아무에게도 주어지지 않았습니다.

그렇지만 태어난 순간부터
우리 모두에게 주어진 능력이
하나 있습니다.

그것은 바로
'남을 위로할 수 있는 힘'입니다.

매일 탄생

매일 아침마다 일어나시죠?
'일어난다'라고 생각하지 말고
'태어난다'라고 생각해 보면 어떨까요?
'매일 아침마다 태어난다.'

하루가 얼마나 설레고 신날까요?
오늘 하루만을 위해 태어났으니
다시 오지 않을 오늘을 미친 듯이 즐기고 또 즐기면
행복하다 지쳐 죽은 듯 잠에 빠져들겠죠?

'아~ 내일 아침 또 태어나면 또 어떤 오늘이 날 기다릴까?'

고백 1

받는 게 아닙니다.
누군가 해주길 기다리는 것도 더더욱 아닙니다.
무조건 내가 해야 하는 겁니다.

뭐지? 왜 자꾸 생각이 나지?
나를 신경 쓰이게 하는 사람이 있는데
그렇게 망설이고만 있을 겁니까?

뇌가 제어하지 못하는 일은
단 하나, 한 사람을 향해 가슴이 뛰는 일입니다.

누가 먼저면 어떻습니까?
경우의 수를 생각하지 마세요.
언제부터 그렇게 수학을 잘했나요?

정말 미안하지만
살면서 이런 기회는 자주 오지 않습니다.
아니 어쩌면 평생 단 몇 번의 기회가 올까, 말까?

한 번 놓치면 10년, 길면 20년도 지나야 올 수도 있답니다.

받는 게 아닙니다.
무조건 내가 해야 하는 겁니다.

그래야
비로소 받아낼 수 있는 겁니다.

응원할게요,
당신의 사랑을.

고백 2

언제부턴가 아내가 예전보다 더 예뻐 보이기 시작했습니다.
왜 그런지는 정확히 알 수 없지만 제 맘이 그렇습니다.

TV를 보다가 흘깃흘깃 아내를 쳐다봅니다.
그럼 아내는
"뭘 봐? 왜?"
그럼 난
"그냥 좋아서."
그럼 아내는
"치……"
하하하하하하.
아내의 '치'라는 소리를 들을 때가 무지 좋습니다.

'치'라는 말에는 '뭐야 싱겁게'라는 의미가 있는 듯합니다.
내가 쳐다보는 게 싫지는 않은 겁니다.

함께 삶을 살아내는 게 여간 고마운 일이 아닙니다.
그냥 보고 있으면 고맙고 미안하고 짠하고
든든하고 따뜻하고 그렇습니다.

그때 먼저 고백하지 않았으면 어쩔 뻔했습니까?!
아찔합니다.

난 요즘 매일 고백하고 삽니다.

그림자

잘 생각해 봐요.
우리에겐 표현하지 않아도
잘 보이려고 하지 않아도
아무런 조건 없이
늘 곁에 있는 친구가 있어요.

평생 뜨거울 것만 같았던 사랑이
식어버려 사라질 때도
평생 함께할 것 같았던 친구가
말도 안 되는 이유로
멀어져 갈 때도
가족 간의 불화로
마음이 한없이 불편했을 때도
아무 말 없이 날 지켜주는 친구가 있어요.

근데 그 친구는…… 그 친구는
인생에서 내가 했던 말과 행동을 다 알고 있어요.
조심해요!! 어쩌면 그 친구가 입을 열면

그동안의 이해하지 못했던 상황이 나 때문일 수도 있다는 사실이
세상에 까발려질 수 있으니까.

지금 주위를 둘러보세요.
그 친구는 발 밑, 등 뒤, 내 주위 사방에서
어쩔 땐 큰 괴물의 모습으로 경고를 주기도 하고
어쩔 땐 두 명이 되고 네 명이 돼서 외롭지 않게 해주기도 하고
어쩔 땐 찌그러진 모습으로 발밑에서 지친 날 든든하게 받쳐주기도 할 겁니다.
당신은 외롭지 않아요.
친구가 있으니까요, 당신이 어떤 모습이어도 당신 곁을 지켜줄 친구.

절친

친구니까 도와주고
친구니까 이해하고
친구니까 눈감아 주고
친구니까 당연한 것은 없다.
친구도 언젠가는 지치니까.

가까울수록
그 감정 관계의 거리를 적당히
유지하는 절제,
기본적인 예의와 배려가
녹아있는 절제,
그 절제를 서로 잘하는 친구를
절친이라 부릅니다.

절친 있는 사람, 손!

친구

몇 명이나 있나요?
내 일처럼 만사 다 제쳐놓고 달려와 줄,
어떤 순간에도 진심으로 내 편이 되어줄 수 있는 사람.
몇 명이나 있나요?
바로 떠오르는 사람이 진정한 친구입니다.
에이, 없다고 서운해하지 마세요.
다들 자기 인생 살아내느라 힘들어서 그래요.

반대로 생각해 볼까요?
몇 명이나 있나요?
내 일처럼 만사 다 제쳐놓고 달려가 줄,
어떤 순간에도 진심으로 그 사람 편이 되어줄 수 있는 사람.
거봐요, 망설여지죠? 사람 마음이 그래요.

난 그런 절친이 있는데……
우리 가족.

5장

같이 밥 먹고 싶은
아저씨를 꿈꾸다

같이 밥 먹고 싶은 아저씨 되는 법

맛집 알아두기
맛집 예약하기
약속 시간 전에 도착하기
상대방 얘기 들어주기
물어보기 전에 자기 얘기는 절대 하지 않기
먼저 먹지 않기
쩝쩝대지 않기
쯥쯥대지 않기
식사는 어땠는지 물어보기
몰래 계산하기
먼저 나가지 않기
나가면서 이 쑤시지 않기
택시 잡아주기
택시비 계산하기
가는 거 확인하며 미소 지며 손 흔들기
쿨하게 자리 뜨기
잘 갔냐고 톡 하기

오늘

어제도 어제는 오늘
내일도 내일엔 오늘
그제도 그제는 오늘
모레도 모레엔 오늘
한 달이 지나도 그날은 오늘
일 년이 지나도 그날은 오늘
십 년이 지나도 그날은 분명히 오늘입니다.

오늘만 잘 살아내면 됩니다.
오늘만 행복하면 됩니다.
오늘이 후회된다면
내일도 어김없이 찾아오는 나의 오늘에게 만회할 기회를 주면 됩니다.

삶이 얼마나 공평한가요?
누구에게나 오늘은 똑같이 주어지니까요.

그리고 한 가지 만 더,

모든 오늘은 똑같지 않습니다.

소중한 오늘을 어떻게 보내는가에 따라
내일, 모레, 한 달, 일 년 뒤에 찾아오는 오늘이
더 행복해질 수 있습니다.

당신의 오늘은 어떤가요?

장마

적당히를 모르는 이기적인 비,
비 오는 날을 좋아하는 사람도 반기지 않는 비,
오라고 오라고 할 때는 안 오고
제멋대로 사정없이 퍼붓는 재수 없는 비.

어쩌겠어, 내리는데
어쩌겠어, 눅눅하고 축축해도 버텨야지.

이번이 끝이 아니라는 게 좀 짜증 나지만
또 올 테면 와봐라 당당하고 유연하게 맞서면 그래도 버틸 만하다.

"그래 봐야 네가 장마지."

제비꽃

사랑의 힘은 위대하지만
사랑은 그리 거창하지 않다.

사랑은 보란 듯이 화려하게 피는
장미꽃 같지 않다.
사랑은 어느새 소박하게 피어 있는
제비꽃 같아야 한다.

여기저기서 자기를 좀 봐달라고
외쳐대는 것 같은 화려한 꽃들에
시선을 빼앗기면 볼 수 없는
소박한 제비꽃.

사랑은 겸손과 소박한 사랑을 의미하는
제비꽃처럼…….

후회

세상에서 제일 쓸데없는 짓.
이미 지나갔는데
어쩔 거냐고.

젠장
나도 자주 하는 짓.

혹시……
지금,
이 글을 읽고 있는 걸…….
에이,
설마…….

거짓말 1

사실이 아닌데 사실이라고 하는 말,
분명히 사실인데 사실이 아니라고 하는 말.

모르는데 안다고 하는 말,
분명히 아는데 모른다고 하는 말.
못 봤는데 봤다고 하는 말,
분명히 봤는데 못 봤다고 하는 말.
못 들었는데 들었다고 하는 말,
분명히 들었는데 못 들었다고 하는 말.
안 했는데 했다고 하는 말,
분명히 했는데 안 했다고 하는 말.

그 순간은 모면할 수 있지만
진실을 말하지 않으면
평생 무거운 마음의 짐으로 남는 말.

탈모가 오는 말,
위염이 오는 말,

불면증이 오는 말,
나를 해치는 말.

이 나라를 좀먹는 말.

거짓말 2

둘 중에 뭐가 더 나쁜 거짓말일까요?

1. 사랑하지 않는데 사랑한다고 하는 거짓말

2. 사랑하는데 사랑하지 않는다고 하는 거짓말

그럼 이렇게 물어볼게요.
두 가지 말을 한 사람 중 어떤 사람이 더 위험한 '연놈'일까요?

소녀

어느 날 갑자기 한 소녀가 찾아왔다.
방청하고 싶어 했던 엄마의 손에 이끌려서 왔다고만 생각했던 소녀,
라디오 스튜디오에 내가 들어갈 때부터 나에게서 시선을 떼지 않았던 소녀.

내가 자리에 앉자마자 날 바라보던 그 소녀는
한껏 귀여운 목소리로
"아저씨, 정말 보고 싶었어요. 팬이에요."
"에이, 엄마가 좋아해서 따라왔겠지."
아이의 엄마가 손사래를 치며
"아니에요. 애가 진짜 태균 씨를 좋아해요."
열한 살 귀여운 소녀는 내 눈을 똑바로 보며
"진짜예요."
독자 여러분,
저 열한 살짜리 소녀 팬이 있는 연예인이거든요.
그날 정말 신나게 방송했었는데
그날 방송 들었던 분들은 엄청 재미있었을 겁니다.

두 시간 동안
나를 바라보며 즐거워하던
소녀의 모습이 눈앞에 선합니다.

방청 오시면 대부분 제가 에너지를 드리는데
그날은 그 소녀 덕분에 오히려 제가 행복한 에너지를 받았네요.

누구라도 오세요,
기다리고 있을게요.
덕분에 행복하고 싶으니까.

나 혼자만 잘한다고 되는 건 한계가 있습니다.
누군가의 사랑과 응원이 더해진다면
그 사람의 엄청난 잠재력을 깨워 줄 수 있습니다.

손톱만큼만

멈추지도 않지만
과하지도 않게
조금씩 조금씩
계속 자라는

손톱만큼만
사랑하기.
딱
손톱처럼만
사랑하기.

가족이니까

가끔 이런 말을 하는 사람들을 봅니다.

"굳이 고맙다고 안 해도 알지.
가족이니까."

"에이, 미안하다고 안 해도 이해할 거야.
가족이니까."

"사랑한다고 말 안 해도 다 알고 있을 거야.
가족이니까."

아니요,
몰라요.
이해 못 해요.

고마우면 고맙다고
미안하면 미안하다고
사랑한다면 사랑한다고

말해야 합니다.
누구보다 먼저 진심으로
말해야 합니다.

가족이니까
가족이 뒷전이 되어서는 안 됩니다.

가족은 이러나저러나 곁에 있을 사람이니까
가족의 감정은 나중에 챙겨도 된다는 생각을 갖고 있다면
정말 못난 사람입니다.

미루면 미룰수록 민망해지고 어색해집니다.
가족이라는 핑계로 자꾸 표현을 미루다 보면
감정의 골이 깊어져 건널 수 없는 골짜기가 되어버립니다.
그러면 진짜 남보다 못한 관계가 될 수 있습니다.

미루지 말고 그 순간에
감정을 바로 표현하세요.
고맙고 미안하고 사랑한다고.

가족이니까.

잔소리

왜 하려고 그러는데?
누굴 위해서?
꼭 해야 돼?

안 해도 되는데
상대에게
굳이 하는 소리.

정작 하는 사람은
잔소리인 줄 모른다.

주로 가족끼리 많이 하는 소리.

해달라고 안 했는데
생각해 준답시고
상대방에게 이래라저래라 하는 소리가 바로
잔소리.

그래도
엄마의 잔소리는
너무 그립다.

엄마,
엄마가 그렇게 싫어하시던
담배는
돌아가시기 전에 끊었어요.
그리고 문단속도 잘하고
우산도 안 잃어버려요.
참, 가스 밸브 체크하는 건
이제 인덕션으로 바꿔서 괜찮아요.
그리고 밤에 잘 때 이불은 안 차고
잘 덮고 자요.

엄마는
잘 지내요?
물 자주 마시고 있어요?

그리고 믹스커피 너무 많이 드시지 마시고요.

하늘나라에서 오랜만에 아빠 만나서
잔소리하시는 거 아닌가 모르겠네, 하하.

외로워질 용기

진정한 사랑을 하고 싶다면
필요한 용기.

외롭기 싫어서 사랑을 한다는 건
위험한 생각.

사랑을 하면
혼자일 때 느끼는 외로움과는
결이 다른 외로움이 불쑥불쑥 찾아온다.

그 외로움을
온전히 외로움 그대로 받아들일 줄 알아야
비로소 진정한 사랑을 해낼 수 있다.

당신은 외로워질 용기가 있나요?

사랑을 아세요?

우리는 사랑이라는 감정에 대해 잘 알지 못합니다.
그냥 좋아하는 감정이 들면 그게 사랑이라고 생각하고
말로는 사랑한다고 얼마든지 할 수 있지만
마음속에 일어나는 어떤 감정이 도대체 진정한 사랑인지
잘 알지 못합니다.

제 생각은 이렇습니다.

우리는 사랑하고 있지만
사랑인 줄 모른 채
사랑하며 살고 있습니다.

분명히 사랑하고 있으면서
사랑인 줄 모르니까
사랑하냐고 물어오면 망설이게 되나 봅니다.

꾸준함의 잠재력

누구나 이 능력을 다 갖고 있는데
대부분 없다고 생각하는 것.

진짜 한 번만 해보고
그 성취감을 맛보면
그 짜릿함을 알 수 있는데
대부분 시도 자체를 안 하든가
중간에 포기해서 알 수 없는 능력.

꾸준함의 잠재력을 한 번이라도 경험한 사람들은
도전과 모험을 두려워하지 않습니다.

주위를 둘러보세요.
꾸준함의 잠재력을 느껴본 사람들은
아마 지금 다 잘 살고 있을 겁니다.

꾸준함의 잠재력은
자신한테 주는 최고의 선물입니다.

이별

절대 막을 수 없는 것.

그냥 받아들이는 것.

되돌리려 하면 세상 찌질해지는 것.

마음 편하게 사는 방법

척하지 않으면 됩니다.
모르는데 아는 척,
없는데 있는 척,
안 해봤는데 해본 척.

내가 척해 봤자 사람들은 관심도 없습니다.

모르면 모른다고
없으면 없다고
안 해봤으면 안 해봤다고 하면
마음이 세상 편해집니다.

내일부터 당장
맘 편해지시길…….

사랑을 위한 최고의 배려

사랑하는 사람이
싫어하는 것을
기억하고
안 하려고 노력하기.

인사

먼저 할 건가요?
받으면 할 건가요?

내가 나이가 한 살이라도 많으면
먼저 할 수 없나요?
내가 나이가 많아도 먼저 할 수 있나요?

나보다 잘나가면 나이고 뭐고
먼저 인사하나요?
나보다 잘나가면 아니 꼬아서
먼저 인사 안 하나요?

집 엘리베이터에서 누가 타면 혹은 타면서
먼저 인사하나요?
아니면 누가 먼저 인사하면 못 이기는 척 인사하나요?

"인사 잘한다."

엄청난 칭찬.
놀리는 게 아니고
자기가 못하니까 부러워서 하는 얘기.

힙한 아저씨 = '힙저씨'

자기 일을 사랑하고
그 일에 대해선 그 누구보다 달인 포스를 풍기는 아저씨.

호불호가 없는 은은한 본인만의 향수를 뿌리고 다니는 아저씨.

정치색을 드러내지 않는 아저씨.

배도 별로 안 나오고
뒤에서 보면 아저씨 같지 않은 아저씨.

요즘 유행하는 아이돌 노래까지는 아니어도
GD 노래는 몇 곡 정도 따라 할 수 있는 아저씨.

평소에 스타일링에 관심이 많아서
자신만의 옷 입는 스타일이 있는 아저씨.

상대 얘기를 경청하고 리액션 좋은 아저씨.

가족이 우선인 아저씨.

'노담'인 아저씨.

초코파이

♪ 말하지 않아도 알아요.

정말 잘못 만든 카피.

카피라이터분, 광고주분
죄송합니다.

근데 말하지 않으면
정말 모르거든요.

당신이 행복해질 때까지

어느 순간부터 내가 가지게 된
겁 없는 당찬 꿈.

당신이 행복해질 때까지
내 공연은
끝나지 않습니다.

결국 무대 위에서,
세상이라는 무대 위에서
내가 행복해야 가능한 이야기.

"내 인생이라는 무대에
어느 객석에 앉아만 계셔.
내가 행복하게 해드릴라니까."

자신감 쩐다.
음, 하하하하하하하하하하.

그래야 행복하니까
작곡 범진　작사 가사도우미(김태균)

밤을 지나야 아침이 오죠. 아주 당연한 얘기
겨울이 녹아 봄이 되는 것도

어린아이가 세월을 타고 어른이 되는 것도
누구에게나 오는 순간들

미리 고민하고 걱정하며 애써봐도
그저 지나가는 소나기

그대여 그대여 그댈 안아주세요
누구보다 먼저 나를 가득 안아주세요

그대여 그대여 너무 외로운 날엔
외로움까지도 즐겨봐요. 그래야 행복하니까

(간주)
미리 고민하고 걱정하며 애써봐도
그저 지나가는 소나기

* 책 출간 즈음에 출시될 제 노래 가사입니다.
찾아서 들어주시고 조금이나마 위로 받으시기를요.

그대여 그대여 그댈 안아주세요

누구보다 먼저 나를 가득 안아주세요

그대여 그대여 너무 외로운 날엔

외로움까지도 즐겨봐요. 그래야 행복하니까

오늘도 여전히 따스한 햇살이

포근히 나를 안아주네요

외로울 만하면 또다시 피어나

웃어주는 예쁜 꽃도 부는 바람도 다 내 편이죠

그대여 그대여 그댈 안아주세요

누구보다 먼저 나를 가득 안아주세요

그대여 그대여 너무 외로운 날엔

외로움까지도 즐겨봐요. 그래야 행복하니까

그대는 소중하니까

에필로그
당신이 먼저 행복해야 합니다

식사 맛있게 하셨어요?
입에는 좀 맞으셨나 모르겠네요.

한 끼 식사 값(책값) 낼 만한가요?
이번에는 여러분이 계산을 하셨으니 다음에 밥은 제가 사야겠네요.
하하하하하, 어떻게 방법이 있겠죠?

글을 쓰는 내내 행복했습니다.
여러분도 읽는 동안 행복하셨나요?

이 책을 덮으면 잠깐 멈춰진 것 같았던
당신의 삶이 기다렸다는 듯이 현실 속으로 등을 떠밀 겁니다.
그런 여러분에게
김태균의 글로 차린 한 끼가
조금이라도 위로와 응원이 되길 바랍니다.

내가 좋아하는 걸 찾으세요.
외로워질 용기를 가지세요.
제발 나와 잘 지내세요.
그리고 자책하지 마세요.
당신은 충분히 잘하고 있으니까요.

당신이 누구보다 먼저 행복해야 합니다.

언제 밥 한 끼 해요, 우리.
뭐 좋아해요?

글 쓰고 공연하고 방송하고
행복하고 사랑하고 있는
김태균 드림

같이 밥 먹고 싶은 아저씨 되는 법
김태균의 웃으면서 배운 인생 이야기

초판 1쇄 발행 2025년 6월 18일
초판 5쇄 발행 2025년 7월 7일
지은이 김태균
펴낸이 안지선

편집 편성준
교정 신정진
디자인 다미엘
마케팅 타인의취향 김경민, 김나영, 윤여준
경영지원 강미연

펴낸곳 (주)몽스북
출판등록 2018년 10월 22일 제2018-000212호
주소 서울시 강남구 학동로4길 15 7층
이메일 monsbook33@gmail.com

© 김태균, 2025
이 책 내용의 전부 또는 일부를 재사용 하려면
출판사와 저자 양측의 서면 동의를 얻어야합니다.
ISBN 979-11-992299-1-4 03180

mons
(주)몽스북은 생활 철학, 미식, 환경, 디자인, 리빙 등 일상의 의미와
라이프스타일의 가치를 담은 창작물을 소개합니다.